Nico Bleutge

verdecktes gelände

Für Sarah

dämmerung. schwanken

dämmerung. schwanken. lange schon wies der weg
durch die felder. zweige bewegten sich, regen
strich durch die stirn. das wasser schob sich quer
an den flanken der bäume entlang. lehm-
hufe. saugende töne. der weg schien vom gehen
tiefer zu wachsen. schatten, aufgerauht
an ihrer wurzelseite, schuppiges umsehen
das von den stämmen her kam. der wind
zog rücklings in die schritte, fuß über fuß
ein gewicht, auf dem sinkenden boden. hart
gingen zweige an hals, an gesicht, bestrichen
die arme, die schwankten, im spalt zwischen dort
und hier. dämmerung. laufen. die äste
zogen an. griffen fest in die knochen: *so trocken*
so schnell.

am ufer ankommen, wach
unter dem schwelgeruch der flure. ruß-
wasser, wandernder austritt. der sog
lief langsam in sich selbst zurück. keller
die nachhallten, gänge, einfach überwölbt,
von feuchte durchzogen. sie zeigte sich vorne,
bewegte sich im hintergrund. kaltluft drang nach
infiltrierte die stufen. moos, die rohe verflechtung
löste sich aus dem raum, löste sich auf im gehen
das schon innen war. wände verschwanden, zellen
wuchsen in die gänge ein, porig, vertraut
mit den fugen, ließen sie, ringsum verlängert
pflanzen austreiben, wuchernde blattformen
führten tiefer ins ufer hinein

strohfäden, einsinkender schnee
auf den bänken aus fahlem holz
wolken stauen sich, tropfen
warten an der oberfläche. harte luftströmungen
suchen sich einen weg durch die innenräume
der schnee scheint zu folgen, schmal
und abgesetzt von den scheiben, in sich verändert
von waggon zu waggon. frühe, schnell aufziehende
dunkelheit. abdrücke, fast noch bewegt, fast schon
umschlossen, vom grau, das die wände einfärbt. die abstände
wechseln langsam. luft dehnt sich aus und zerfällt
zu dichten flocken. strohpolster, dämmernde schlafwehen
treiben tiefer am boden vorbei. vor dem fenster
der schattenriß eines vogels, der näherkommt
weiter und weiter entfernt

im wehen schon, im schrumpfen
von sicht, von gestalten: grind
der in den falten hängt, der sich spannt
mit jeder berührung. pollen
im stoff. vergneiste vorhangstangen
ein durchzug von tau in den gedanken
tickender dunst, nah an den halden
nah am verschwinden der brocken im hang.
huckel, in falten, leichtes wehen
über leichtem sand, im nu verdecktes
gelände, borkig, abgesetzt
von den blöcken, schrunden, taubes gestein
das erhitzt wird, von innen, knirschend
sich zurückzuziehen scheint

nur seufzen, nur lauschen,
aus schlamm und ohren auf-
getaucht, in der nacht. hirschquellen,
die namen der moore, nichts als:
flucht

das rutschen durch pfützen, zweige
belfern im kopf. das huschen, rasch
die nassen flanken. schweißflecke,
beize. und nichts als luft

fast trocken, im hals. die staut
sich, stockt. kommt, vom gestrüpp her
heißer ans ohr, mit speichel, gehetzt

ein keuchen, harsch, über schlick
über wurzeln hinweg: noch
das puckern, innen, dringt nach

grauwacke. kaum mehr zu halten, kaum mehr zu haltendes grau
einer landschaft. grau, verhüllt von feldgrau, zementgrau. dichtes
in schichten gelagertes grau dieser gegend. feldspat, chlorit. und
die rauchgrauen wehen, ziehend, im schlaf.
schon zerspellt die
bewegung. gehen, aufgehendes schleiern, gleiten im schauen, aal-
haut, wasserhaut, quarz. strömung aus grau, die sich öffnet
gleich wieder aufgesaugt wird. nur ein einschluß von kohle, kaum
mehr zu spüren, kaum mehr zu haltende schwingung der gegend
dämmern schon.
feuchte, innere graue flut, eisenfarbene
tiefe, näher dem boden, näher dem grundwogen zu. steingrau
und gußgrau, ununterbrochen, unaufhörliches schieben
von grau, das sich umstülpt, grau, das sich auflöst, zinn-
grau, basaltgrau, schelferndes grau

farnkraut

farnkraut, fast tastbar
hinter den scheiben, fast
eine öffnung in diese
straßen, schotterschneisen.

hirschzunge, winterharte
bündel. und gegenüber
zwischen zaun und wiesen-
senke: die trennproben ahnen,

das verlangen, pflanzen
aus den sämlingen zu ziehen.
efeugeschmack, das nerven-
zucken, man sieht die schatten

über schatten wandern
aufguß vielleicht, die wohneinheiten
leuchten. kein brennen, keine
wurzelstöcke. nur die tinktur

wird langsam eingerieben
wie blüten oder auftrieb
von wärme, wie etwas feuchtes
das geflutet werden will

und mit den dämpfen steigt
der holzgeruch auf, die dichte ruhe
der bebauungsflächen, durch-
lässig, fühlbar fast

rohflächen, gespür für ausbleibenden schnee
das licht über dem platz mehr wie ein dunstfilm
der dunst in sich aufnimmt. frisch gebildeter dunst
aus gleisluft, fahrstuhlwärme.
                                        parkbuchten einhüllend
und lampen, glasdunkle neubaufronten. ein ziehen,
spülen fast von geräuschen, *-center*, *-felde*, so dünn
im halten der züge, so einfach, als wäre nichts darin
als dunst und raumbewegung, das sirren der heizstäbe

am nahen zaun, witternd, sich haltend, fast eine
spur jener struppigen blaufichten, wacholder
die eislosen zweige, vor der gedanken warten, rauh
und ausgedünnt: verschnürte zapfen, ihre strömungs-
günstige form, die den blick auf die strecke freigibt

noch erhebt sich der staub, wenn der wind
ihn hügelwärts treibt, noch sinkt er
auf die regennassen steine. warme böen
über land geweht, das licht, das wasser
hoch, ist wolke nur. die steine nicht
die in der stadt aus tiefen straßen
wachsen. kanalgeruch, die räume zwischen britz
und ruhwaldpark. jedoch der warme
regen läßt sich nicht vergessen, der über land
geht, schneller flug. das wasser, luft,
die aufzugsschächte, kahle äste, gegen den
staub. noch zäune, aufgeworfenes
noch dampf. noch helles straßenlicht und nichts
ist nah, nichts staub, nichts fächert sich auf
unter der trüben decke des kanals

muster fixieren, zweige
der abend wuchs schon ins abteil
als der zweite zug herankam. sitze
schwanden, wurden durchsichtig
füllten sich mit jenen dünnen
anderen reihen, nur kurz, ein auf-
sehen, ansehen, das auf einer höhe
stillzustehen schien

am bahndamm klafften kabel
gußpfeiler, offen
der schnelle glanz auf einem führerhaus

später dann war es
eine ungleichmäßige
durchdringung von
dächern und balken
fachwerkkanten
das dunkel darüber
nicht sichtbar, nicht sichtbar
die gänse, ihr rufen, vereinzelte
schreie, kreisend, die rufe, ihr
wachsen, anwachsen, sichtbar
nicht, formend, wild-, oder rufend,
ziehen schon, hier, ohne sicht, hinweg
über dächer, weit, in entfernung, schreie
noch, in wellen, die keilspitze wechselnd

noch einmal die wand entlang
gehen, die sich grau und hart gegen den wind stemmt

pflanzen verschwinden, container, die vibrationen
der hochbahn im rücken, fast wie ein sinken

fast wie ein ziehen der muskeln im sand. fasern
die leuchten, außen noch immer der ton

des rohen fließens, kühle, in schüben, längs
der wasserrinne, wo vögel sich halten, rost

mit der haut reagiert. häher, ihr krächzen
kurze entladung von druck, ein rauhes schleiern

vom sammelflug zurück, die gegend streifen
mit einem kleinen runden auge

fischhaare finden

wasser im sinn haben, steine,
das rundumlaufende licht
auf den schichten des piers.

meeresbeweglichkeit, kurzes
sprühen, austausch von wärme
und gewicht. denken an

witterung, kiemen, brüchiges
holz, das sich ablöst, gleich
wieder angesaugt wird

von den pfosten am pier.
fischsilber, molekulares
glänzen, rohglas, zersplittert

und doch aufgenommen, vermischt
mit der entfernung zum hafen
die masse durchdringt sich, wasser

in wasser, ein drängen so eins
in sich, so unterschieden
wie die steine, die gleiten, leicht

ihre schuppen verlieren. sinken,
versenken. zinkweiße strömung
aus spannung und klang

die nicht nachläßt, sich formt
im gedanken an flutwechsel,
dämmerungsdichte am hafen.

pumpende glaswand. das saugen, ansaugen
von luft. von flüssigkeit, eindunkelndem
saft. dünnhäutig schimmernde zunge
am strohhalm, hinter dem röstkarren
auf dem weg zum hotel. ein saugen
strudeln schon in den rohren. mädchen
das den teer heranholt, reinigungsfeuchte
den chromgelben mais. das die gewölbe,
saugend, lockert, das sinterwasser mischt.
ziehende kabel am grund der stadt. ströme,
ihr schaben, das simmern der luftblasen
im rohen tang. ein drehen von wellen,
von sauerstoff, an den pontons, noch
an den hütten, wo der saft fast schlacken
wirft, zum blubbern kommt, über nacht.

und dann die lampengeschäfte, ihr nach-
gebendes summen, mit der umluft darin

dem leichten steppengeruch. *ceylan*
leuchtete, *-latma*, ausstehende nacht-

arbeit. nicht schlafen unter den kabeln, nicht
den pflanzen nachwachsen. glasbüschel

dehnten sich, blattwaben, wandernd, reh-
braun glänzende käfer. ihr staunen noch

schwach, vor den glühgeräuschen. nach-
giebig, tastend, rückten sie vor, noch

ohne schlaf, noch in das laufen vertieft
mit ihren kleinen warmen panzern

nicht mehr im dunkeln, nur den fühlern
nach, durch wirbelnde funken von luft

die mit den broten sprechen, mur-
melnd, versunken. die an den straff
gespannten seilen stehen, sich
die köder stecken, bei nacht. algen
im wasser, rost, der auf den pollern
sitzt. ein warten, schauen auf lampen,
auf die haut. ein licht schütten
schuppige knoten. manch einer boje,
manch einer glutrest, spiritus. und
was sie fallen lassen, nachts, was
aus der hand sich löst, im murmeln,
wenn sie mit fremdem griff so rasch
den kork eintauchen, leuchtpunkte
setzen, kleine strömungssonden

dies brutzeln vor den händen,
kokeln. ein schmorgefühl
im rufen über haare, staubblätter
hinweg. holzkohle, und die luft
zischt leise, als wäre tran darin,
jodspritzer, die gewendete
zange. als wäre schmelzpulver
dazwischen, schweißgeruch,
ein schneller blick
der in die hitze fährt. glutnester,
und die feuermühle geht, im beißen
von farbmalz, gedanken
der dunst von häuten, auf-
boltzendem fleisch. dichter
sich ineinander, übereinander
schiebender rauch.
baustaub
der aufsteigt über den hängen,
über den händen, in einiger entfernung
von den blocks herüberweht
abrißgeräusche, die versengten felder
planiertes, beinahe ockerfarbenes
gelände, das den blick aufzehrt

eine drift, als die möwen sich
senken. ihr andruck, nicht hier

nicht zu fern. die luft ist gespannt
zwischen wirbeln, schubgeräuschen

und der ganze raum schlägt aus
über dem wasser der fahrspur.

eintauchen in die bewegung
eintauchen in einen schwung

aus flugfarben, wendigkeit. auf-
gehen im sich halten, verschieben

von kraft und entgleiten, mitluft
und bündel sein. schaumstränge

drehen sich hart unter den flügeln
bilden strudel, rhythmusflächen

untrennbar von ihrem zerfließen
und noch immer kommt schaum

fischhaare finden, heller und trockener als gras
und fangspuren finden, kalk und gewebefalten
an schalen mit licht leitenden elementen, immer
im drehen, immer im streifen von bruchkanten, quer
zu den wellen, und den windungen folgen, fluchtnahen
körnern, drehen und finden von flurgras, kanälen
an stellen für wärme oder feuchte in lang schon
verlassenen schalen, klar wie perlmutt oder fisch-
glanz, das helle darin, das höhlenartige
das fehlende, und das atemwasser filtern, dreh
über dreh, an den rippen, nah an der spindel, nah
an der eigenfrequenz, noch den schwingungen
folgen, den fjorden, den kalten gärten und streifen
von licht, die wie schneehalden leuchten, schnee
der hohlfalten bildet, innen, schalen aus kalk
und eis, die nicht weichen, immer noch wachsen,
wendig, verändert, sich im gewebe halten

ringsum nacht

noch summt der ton im ohr, noch
ruht die hand, die warme, fest auf
einer stirn. das dumpfe licht,
der vorhangstoff. der hund, der
sich in eine ecke rollt. doch sind die stunden
schon vergangen, der kopf zurück in seiner
dunkelheit. wollflocken, und die luft brennt
leise. die augen starr, geradeaus, von innen
drängt es, und von außen, starrend, mehr.
was da sich gleicht, ein klopfen,
hundescharren. ein schatten, überhand,
das feuchte laken. es fällt das atmen
schwer, das atmen (*atme doch …*), verliert
sich eins im stillen, nachts. und weiter
noch, die stirne senkt sich, und flocken
fallen, dicht an dicht, wenn
eins vergessen würde, sich
vergessen würde, nachts. nur
sind die stunden schon vergangen, der kopf
fast eingedunkelt, schwach, am rand
der hund, die luft bewegt sich leise. schlaf,
sonst kommt schon der morgen, schlaf.

die augen meiner mutter waren
hinter glas, so ähnlich hätte ich
es dir geschrieben, wenn ich dir je
geschrieben hätte. nassau vielleicht,
du kennst die bilder an der eingangs-
türe, doch ich wohne hier. tagsüber
sind die polster stumpf, ich sehe miehlen,
hunzel, nauroth ist nicht weit, ich höre
stimmen, von der ladentheke, und
ich wache auf. von den hydranten
hätte ich erzählt, dem schnürstock,
der kabinenware, von meiner hand
am kinn und auch warum
ich nur im hintergrund erscheine,
auf den bildern, nachts. denk
an die schuhe, an den staub, die
noppen sieht man nicht, wenn
ich mich drehe, wenn ich vom wand-
bord zu den sesseln, und weiter
zur vitrine gehe. fast wie erzählen, fast
wie in die augen sehn. die hand bleibt
ruhig, mit der ich taste, mit der ich
meine füße spüre, vor dem schlaf.

und dann hinunter in die tiefe steigen, auf den
grund. den mund behutsam auf die steine legen, schild
an schild. und warten, auf den schlamm, geräusche.
auf die dämmerung. ob sie die schuppen aneinander reiben?
ob sie sich hören lassen, nachts,
in ihrem wellengang? wenn man sie nur betrachten
kann, die zeichnung ihrer haut, die schöne
mannigfaltigkeit der farben. warten, warten
auf dem grund. allein es rührt sich nichts, kein
laut, und nur die augen eilen hin und her
durch ihre müdigkeit. der schlamm,
die leichte trübung der gedanken. nichts
von einer schleierspur zu sehen. jedoch die steine,
welche in der tiefe ruhen, die steine, faßlich, fest.
als wär ein summen in den schichten, wärme,
die aus ihrem inneren dringt. ein schleichen?
oder gleiten sie? wie sie die schlanken
körper durch das wasser ziehen, nachts
kann man es spüren. doch zur dämmerung,
allein, bewegt sich nichts. nur wärmefäden
strahlen aus, von den steinen, und schließen
einen leeren raum wie eine insel zwischen sich ein
darin die schwere, langsam, sich verdichtet, schicht
über schicht. von oben bald, und bald von der seite
dringt es nach. wer könnte sagen, ob sie kommen,
schon dagewesen sind.

nesseln nur, falten
wenn sie in ihrem sessel sitzt
zur dämmerstunde. es riecht

nach schlaf, die luft bewegt sich
langsam, kein leuchten
und die stimme spricht

von nadeln, phosphorlampen.
doch sie hört es nicht. nur
ihre hand, die falten

eingeschlossen, die ihr
nun stück für stück nach
unten rutscht, kaum sichtbar

für den nebenmann. holz-
tiefen, *schwerer pflanzenatem*
grade von dunkelheit, grade

von haut. das ockerfarbene
das weiche grau. druckspuren, frische
schlafgedanken, ringsum nacht und

ringsum flüssigsein. ausgleich von lauten
nichts zu wollen übrig. wie sich kaffee
bewegt, am abend, schwappt. ölig,

erinnerungslastig, und wolken drängen
in den raum. licht, das zurückweicht,
durchsichtig wird, als die finger

sich öffnen, luft wieder freigeben
raumstäbe, ruhende zellen
schon außerhalb der umschließung

und manchmal, nachts, da geht der atem leise
der körper wach, die augen eingerollt
das schauen mischt sich in die kreise
die noch der schlaf im innern zieht
und schleicht sich doch nach draußen, leise
zu einem stuhl, dem wäscheständer,
staub. und hält den atem und das licht
der fensternischen, und schleicht sich weiter
leise, nach draußen, in die nacht hinaus.
die nacht ist da, das lauschen, flocken fallen
nicht. über antennen, dachgeländer hin
ist alles ungewiß. ein ziehen immer nur
im hintergrund. und keiner spricht. doch
in das schauen geht ein atmen, leise,
das nicht das eigene ist. und mischt sich,
nimmt die luft, den oberkörper weiter
mit in das schlafen hinein. über die schultern,
warm, über die augenlider hin. nur manchmal
rollt der eine atem sich hinüber, wenn
etwas aufhorcht, dunkel sich bewegt.

es sind die instrumente, nadel
plastikschlauch, die in die augen
die ins gedächtnis gehen, mal

über mal. der stich, die pfoten
eingesunken. und von der seite
kam ein stiemen. heisere

luft. ein hauchen, von innen,
stieg langsamer auf. wölkchen,
warm, das auf die stirn sich

legte, sich verteilte im zimmer
bald. herzmuskel, kleines
flimmern, spuren von wellen,

von gebell. kreislauf der lungen
und der dämmerung. die hand kam
schon ans fell. nur

etwas licht blieb, auf den stühlen.
die weißen überzüge: schwebten
sanken nicht ab

heut nacht durchschritt ich einen wald im traum
es war kein rauschen, keine dunkelheit
mit schwerem atem, der den grund durchzieht
liefen die hunde stumm von baum zu baum
in einer haut aus dornen, moos und schlamm
lag halb ein see, halb war das wasser fort
dort schaute, fehl ich seh ich was ich seh
ein kind, vom licht entstellt, das ufer an
die schmalen augen gingen hin und her
ein schritt nur weiter, und der blick war leer
er rührte sich, tief innen schicht um schicht
und kam zurück als blitz, als strahl im meer
in der sekunde, die vorüberstrich
sah das gesicht mich an: das kind war ich

verdecktes gelände

(1)

schneereste, schneekiefern, *ich*
bin hier lange nicht
gewesen

schnee treibt in böen, krähen
warten am rand

umrisse schieben sich langsam
aus dem nebel heraus
und verschwinden wieder
hinter dem zaun

ich bin hier lange nicht gewesen

risse
        in der uferlandschaft
                                        ringe
die nichts mehr umschließen

feldspat, tröpfelnder schnee

und das gehen, schritt
für schritt

zweige halten den schnee
der am handrücken einsinkt, durchsichtig wird

langsam in der bewegung
drehen formen sich ein, vergehen

und die luftschichten, hinter den zweigen,
lösen sich auf

hiersein, um zu vergessen,
                                        hiersein
den wechsel der farben zu sehen

wind legt die holzflächen bloß, auf dem weg
an die schottergrenze

baumwurzeln. steine. der sand eine spur
die durch den kanal geht

angehalten die dinge, klarer
in ihrer verbindung. das gehen genügt

um die augen beweglich zu halten, sehen
genügt, nach dem warten, ausharren

inmitten von schlaf.

war da ein erinnern? entfernungen,
geräusche, jenseits der stimmen

kaum zu verorten, kaum zu benennen
im rhythmus des schnees

der die parkwege angeht
eisflächen, frostweiße bänke

nichts, das hinausführt
über den rand. nur die bilder

schieben sich weiter. salzwiesen,
hohe kondensstreifen

der feine zerriebene sand
in der schicht zwischen land und wellen.

die luft beginnt wieder zu fließen,
wieder die wangen zu kühlen

weich wandern schneewirbel über die ufer, feine
verwehungen, von den bäumen zum kamm, von den füßen

bis an die spitzen der steingiebel reichen die einbuchtungen
kuhlen im schnee, die der wind wieder hart macht, noch einmal

mit frost überzieht. ein erinnern? tasten, sich vorwärts
tasten, fuß um fuß, an den sträuchern entlang, den begrenzungs-

streifen. umrisse spüren, formen, die sich bewegen, *jetzt*
ist alles im übergang, wolken bauen sich auf, nah an den wellen,

nah an den schwemminseln im kanal. was sie aufsaugen:
schwer zu bestimmen, holzrampen, wechselndes licht, diese

brüchigen gräben, flächen, brüchig, über land
hinweg, über wasser. kraniche ziehen, noch in den ohren

ihr klang, richtung meer, werden zu sumpfenten, krähen
die muster ausbilden, dicht überm schnee.
innere,

graue erde, von kälte durchsetzt, von spuren. nester bedecken
den uferkamm, rohe versträhnungen, zweige. die risse beginnen

nicht hier, doch die schichten vermischen sich langsam, ein geruch,
ein geschmack genügen, und es tauchen erscheinungen auf

im gelände. bilder von kalkstaub, kamille, von feldwegen, feuchtem
putz, von mauern und stümpfen, bröcklig, von spreng-

kammern unter den brücken, durch die der wind geht, steter wind
und hintergrundrauschen, ein rieseln, ein zischeln

fast, das geräusche und lichter zusammenzieht
für momente. sind es die ohren? sind es versteckte impulse

im kopf, die den bilderlauf binden, bewegungen
in der landschaft?
                                        die luft wächst wärmer an der haut und der schnee

zieht sich zurück in die wolken. auffaltungen, steine, *die nähe des meers*
fast ein gedanke. sturmmöwen kreisen, salzige schlieren

unten am fluß, an den rändern der spree, liegen schiffe
dicht an dicht aus der eisschicht gepreßt, *jetzt ist es winter*

meldet die stimme, *jetzt ist es kalt.* seelichter breiten sich aus
und die linien verlaufen so fein, daß büsche und ufer verschwimmen

im gefrorenen wasser. der ganze himmel treibt das licht zusammen
wind und sand in ständiger verschiebung. formen aus luft, vermischte

hüllen aus schatten und schilf. raum dehnt sich über den bänken,
über den lampen, geländefalten. marderstrukturen, leichte schmelz-

bewegung, wo das wasser meerwärts zieht, unterm eis.
                                                                                                    nur der rauch
steht noch in der strömung, langsam hebt sich das land

aus dem see. und dahinter beginnt eine neue verbindung
von lauten und grenzen, nah am vergessen, nah am berühren

von etwas, das man nicht weiß.
hufklänge, spuren von schlick
zwischen straßenbahnschienen, scharfer, klackernder wind

der das ohr in seine zwischenräume bringt, den gedanken,
verwischt fast, auf sandwegen weiterzulaufen, näher zu sein

am wechsel von ebbe und flut. durchlässigkeiten, farben
kuppeln aus eisen und holz, *hier sehen sie häuser und scheunen*

aus dem siebzehnten jahrhundert. gipsplatten spannen sich auf,
drahtputzgewölbe, männer, die mit hut und sonntagsfrack

durch schmale gassen wandern. ist das die ferneinstellung
aufs gelände? der versuch, eine landschaft zu finden

auf dem langsamen weg in die luft? bilder, eingerissene
seiten, zeilen, die sich erst im hinterkopf entfalten (*zur eröffnung*

schreitet der kaiser die ehrenkompanie ab). einige aufnahmen
sind völlig ausgeblichen. schatten von säulen und bäumen, aus-

stellungsgesichter, füße, leicht versetzt, während im hintergrund
die pferdebahn verschwindet, mit schichtwolken, flecken

auf einem künstlich angelegten see.
die dinge verwischen
vom rand her. tasten, ertasten, schritt für schritt

unter dem niesel einer winternacht. die strömung
hält an, nur die richtungen wechseln langsam

ehe die farben sich lösen, der wind wieder kalt wird
der ein weghuschen ist von geräuschen,

von stimmen, entrückt fast, sie mischen sich leise
mit wassergeruch, wenn die ersten

tropfen die eismulden treffen, das gehen
den sand von den wegen verdrängt.

(2)

ohr, ohr für den park
streifiges gischten

stelzvögel spreizen die flügel
saatkrähen richten sich auf

der himmel schimmert regengrau
über der ausgestellten gegend

echos von stimmen, echos
von rauchigem licht

hell wie die kinder
draußen im park

hell wie die stimmen
der kinder am fluß

die kinder rufen
kratzen rinde

von einem baum
sammeln reste, steine

winzige töne
im feuchten gras

töne von schwalben
und meisen

von fledermaushäuten
von kranichen, reihern

kaum noch entfernt
von den öligen wellen

die luft nimmt form an
nur kurz, und die steine

scheinen bedeckt zu sein
milchweiße ringe

quellen hervor
zeigen bewegung

im innern, stellen
zwischen luft

und wasser
hell wie der nebel

unten am fluß, hell wie
die stimmen

der kinder im park
die noch rufen

mit ihren stimmen
töne nachahmen

von steinen, töne
von vögeln

im fluß, fast
durchsichtig

noch ihre rufe
in richtung

ufer ziehen
sie langsam

davon, ein
streifen von

feuchte, fast
durchsichtiges

licht, im
innern, wie

flor in luft
wie

leuchtende
rinde, die

abfällt, entfernt
an feldspat

erinnert, an
brüchiges

eis. das eis
schwindet

und nimmt
fast die steine in sich

auf, die steine schwinden
und nehmen fast die stimmen

der kinder mit sich, die kinder
gehen hinter den bäumen und

nehmen fast die umrisse mit
nachhause, von kiefern und weiden

von feuerschwämmen, von flechten
an einem zaun. die flechten ziehen

und lösen sich fast in luftschichten
auf, in luft, die noch leuchtet, und schichten

sehr kleiner partikel, die anlagern, fast
noch längere zeit verweilen

(3)

gras kommt bis an die landebuchten
der mittag hat die schatten verkürzt, die felder
aufgesprungen vor hitze. zinnfalten, asch-
farbene wasser. bestände von schlamm
in den schatten, mit salz überzogen, graues oxyd
das den wind wittert, ausgeschiedene flocken
und spate in ihrer bewußtseinstrübenden form
depots im gelände, pflanzungen der gegend

nach lichteinfall noch feuchtigkeit
stagnierender nebel, aufgelöst in die helle
von kernen, fusionsprodukten, fluoreszenz
schmaler keime, vergehende kühlemulsion
schon in wasser verwandelt, schnell fließende wellen
in ihrem volumen, spuren aus ocker, blauem glas
die langsam verdunsten, merklich dunkler werden
dem druck auf die schemen nachgeben

die veränderung einer landschaft
verfolgen, ein gefühl für die felder, übergangsflächen
restströme in den pfosten, leichter
aluminiumgeschmack, hier und da aufleuchtende
flämmchen, eine durchscheinende membran
jenseits der stimmen, jenseits der tönungen
kaum zu behalten, kaum zu vernehmen
im rhythmus der hand, die im dämmern aufgeht

käfer, ihre staubflügel, die spur der flutgräben
scheint an leuchtkraft zuzunehmen, von überall her
gleiten flugkörper ein, kleine luftpolster
die versetzt an die haut klopfen, pelzig wie rinde,
wie moos an den äußersten landmarken

und wieder beginnt hier das gehen, streuiger
schritt auf den langen asphaltbahnen, geräusch
um geräusch, was sich langsam löst und verbindet
dicht über mergel, schmelzwassersand.

kalk treibt auf, vermischt fast mit luftkristallen
stöbernd, in schüben, von hand gespürtes ziehen
das ablenkt auf rampen, harte geländezäune
vorhut aus nacht und dem wind von nichts
in der schicht zwischen land und wellen.

lichter im umkreis der flachen dachkrägen
und die lampen angefacht in etagen, hallen
löschsand noch, als spur kaum zu halten
ein stäuben von glut, von jod in gedanken
an rotorbewegungen, schnellen schub
und das weichen der sichtbetonstufen

wie einer flechte zu folgen, flockender
film, der versucht, in die maserung einzudringen.
ablagerungen, in placken, langsam fasernd
am stein. wie eine ahnung davon
was erinnern sein könnte, was sand
der so salzartig aufblüht. aerosole,
darunter geschiebelehm. und die drift
der glut bleibt schon stehen.

platten, von furchen und rissen durchsetzte
platten, betonplatten, muschelkalk
an dem der blick schabt, an den der wind
geht, die hände, brüchige
linien, in richtung hangar, partikel
aufgestaffeltes glas
die harte strahlung des lichts
in bewegung zu bringen.

dann läßt die schärfe
nach, für momente, leckwasser
zu dem die augen sich tasten
ringsum zertretenes gras
das nach kamille riecht, nach schlamm
sedimente von farben, rufen
die über dem feld liegen wie hüllen
sich langsam zusammenfalten.

über die fangzäune wandern
jenseits der dunklen fahrflächen. nachtschlacke,
tümpel aus moorsand, erloschenem blau
die noch gewebe tragen, torfig, in schuppen,
ohne schon restlos fest zu sein. höhlungen,

kühl gefüllte tunnel und kammern
von mulden durchzogen, eingedickter luft
mit echos von tauchvögeln in den wiesen,
den wiesen, die aufhellen an einigen fernen
stellen, als wären es höfe aus flor,
aus abwesenheit, doch schnell wird klar

es sind grillfeuer im gelände, leicht
versetzte stimmen, im näherkommen, eltern
die kohle mischen, ein wenig holz zusammentragen
und die hier sind, den wechsel der farben zu sehen.
der wind läßt die feuer flackern und das licht
bewegt sich in schüben über das gras
hinweg und über moos und über vereinzelte
kinder, die fast schon schlafen.

jodfarben das licht
und der weg durch lehm
im gedächtnis. durchlässigkeiten,
bildschwämme, bröcklig. käfer im sinn
die auf fleischresten sitzen, in schalen aus
kunststoff oder aluminium. gemenge von quarz,
von calcit, das den boden durchzieht wie zellfäden,
wie fasern, die anlagern, zusammenkommen wie nichts.

jetzt sind die bahnen
wieder in sicht. jetzt drängt das gehen
kies zurück und geräusche. treiblaute,
kratzender schliff, als wäre es kalt jetzt,
als wäre es winter. braunstein, schieben
der schlacke, der abschattungen
quer durch den kopf und das areal
der rollbahn und ihrer traversen.

grate kommen heran, blocksilhouetten
nicht zu entscheiden, von welcher seite aus
sich die hallen beleuchten. dachlagen
ziehende dreherinnerung, schub über schub
tauchen ringe auf im vorfeld,
gefüge aus glasschutz, containerreihen,

nah an den hangars kaum formiert,
kaum bedeckt noch vom abruß. quellflecken
in impulsstufen, fasernd, langsam,
wachsend an zäunen, signalstangen
die noch herankommen. reste von richtfunk,

rundüberwachung, kaum mehr klar
die zahl der gänge, sichtscharten, niedrig,
flockender film, der versucht
in die hallen zu dringen, die öffnungen,
wachsend, zwischen den toren, entfernt
an schächte erinnernd, an stollen,
fasern, die sich verzweigen, vereinzelt

in sich selber laufen. die bahnen sind
nur eine ahnung jetzt, filzartig, kaum noch
fest, was gehen sein könnte, was staub
der im schauen nachbrennt, lagen, in placken
auf steinen sitzend, an einigen lichten stellen,
muschelkalk, an dem der wind schabt, flecken,
kaum verdeckt, partikel, rötliche schatten,
mit einmengungen von ocker, hämatit

das abfällt auf tanks, auf tragflügelflächen, einzeln
ausgestellte dinge, als würden sie warten, versinken
erst richtig sichtbar machen, durchsichtig, flickernd, nichts
das hinausführt über den zaun und die böen
schieben sich weiter, die schritte längs der gräser,
mergelkraut, bildtafeln vom gelände, über die insekten
krabbeln, falter mit schlackigen flügeln und raupen
die sich mit flechtenstückchen tarnen.

einschrumpfend der ton,
körnige massen, ein stäuben von lehm,
von bröseln, die rasch erhitzt
verknistern. bildschwämme, trocken,
druck auf den lungen, stimmen
die sich halten, kenntlich werden
im ohr, im ziehen nach innen
tropfen sind, sich fast schon weiter teilen.

den gußnähten folgen
dicht an ideen, dicht am verschwinden
der sicht im kopf. finger wird auge,
stein membran, und hören, wie die rufe
sich überlagern, *sehen sie!,* knirschen, *hier*
bin ich lange nicht gewesen. abschattungen,
reste von putz an den wänden, staub

der auf den stufen sitzt, den kabeln,
auf salzen, verkrustet, nach unten führt
in gedanken, gewölbe, in kellerräume
mit einem dünn alkalischen geschmack,
hier sind die mauern bröcklig und die fugen
dehnen sich langsam aus,

versuchen den abstand zu verringern
zwischen bunkergängen und dem ton
im hintergrund, ein rieseln, ein summen
fast, unter der innenwölbung, gebunden
als würde die luft zusammengedrückt

von den schichten darüber, den leuten
im hintergrund, die herankommen jetzt
mit leicht versetzten blicken, die schauen
und den sätzen folgen, *hier wechselten*
rasch die frequenzen. sätze und bildtafeln,

übersichtskarten, bildschwämme, schorfig
die dieser sprecher anzufachen sucht
bilder von brandschutt und platten
von zündungsnestern, von sprengkammern
unter den böden, luftbilder, -karten, laminiert,
von hallen, maschinen, von taktstraßen
in körniger auflösung. das licht nimmt nicht form an
und die reste scheinen bedeckt zu sein,

vermutungen, nur kurz, zu den gemischen,
der hohe ton, gewitzigt. bunkerlampen
vor rissigen wänden, noch in den ohren
noch im hinterkopf der klang, die vibrationen,
schnell fließende wellen, flechtenkuhlen
spuren von kalkstein, betonstein
mit leicht versetzten ringen,
während ein mann im hintergrund

über die wände streicht und beobachtet
wie der staub am handrücken einsinkt

und eine frau sagt, sie sei hier schon einmal
als kind gewesen und habe immer versucht

in die schächte zu klettern und nach draußen
zu sehen, den schnee und den wind, und die kinder

hätten versucht, durch die räume zu rufen
und sich an wasser zu erinnern und an sträucher

an die stimmen von vögeln und manchmal sogar,
die hohen töne nachzuahmen, in der luft.

der schlamm ist eisenfarben jetzt
und die pfosten nicht zu sehen. fasern,

ringsum flachgedrücktes gras. was an
den schritten hängt, an den geräuschen.

flußspat noch, als spur nicht mehr zu halten,
bewegung, die in spaltungsflächen,

die in feuchte übergeht, stellen zwischen luft
und wasser, dicht über büschelfugen, sand.

schienen tauchen auf, mit eingerissenen
schwellen. die stränge über halme,

schotterkalk hinweg. der sog der wände
scheint an kühle zuzunehmen. teer

der nun das gleisbett trägt, roherde, kopfstein,
quarz. was sich vermengt, ist nicht zu halten

der eindruck nur, auf hartem ruß zu laufen
wo lehmsand austritt und der tunneleingang

sichtbar wird. hell leuchten hier die lampen,
steine, die nicht der regen bleichen wird

die rohre schimmern aschegrau
unter den eingerippten decken

die dicken wände zeigen sich in lichten
tönen, als wäre hier ein luftsog durchgegangen

eine meeresströmung, kein abrieb
auf den böden, *keine briefe, keine ringe,*

nur noch die laufkatzen zu sehen, rostfraß
an den trägern, glatter stahlbeton. es sind

die augen nicht voraus, die den gedanken
durch die röhre folgen, den streifen nach,

den eingesenkten schienen. schlagschatten,
merklich angegriffen, von kleinen gruben

übersät, die bald den tunnelschacht verlassen,
restlos streuig sind. der wind geht kurz, ruckt an,

gras und kein wasser und die leere straße,
keine bilder und nicht schlaf, vorbei an türmen,

muschelkalk, an scheiben und an dächern
auf denen moos in dichten placken sitzt,

flechten, verdeckt, in ruhestarre, drahtrollen
auf den zäunen, und wörter im gedächtnis

wörter wie *torf* oder *barackendienst*, wie *filz*
und *schlacke*, *schreiten* auch. der schritt

geht nicht voraus, läßt sich nicht fassen,
sand ohne stapfen, sorgsam abgesteckte flächen,

grasfelder nur, auf denen einfach nichts zu sehen ist.
die schmalen pappeln neigen sich in langen

reihen, mit ihren angelegten zweigen.
erdhaufen warten, tropfen fallen auf den zaun

und die kristalle überziehen sich
mit einer weißen undurchsichtigen rinde.

Anhang

Anmerkungen

«One must have a mind of winter», schreibt Wallace Stevens einmal. Die Zeile könnte ein Motto sein für das Gedicht *wasser im sinn haben.*

Das Gedicht *fischhaare finden* wurde zuerst in der Edition Sutstein veröffentlicht, zusammen mit Papierschnitten des Künstlers Max Marek.

und dann hinunter geht auf eine Einladung zurück, sich mit Johann Peter Hebels «Kalendergeschichten» zu beschäftigen. Der Text verwendet Sprachmaterial aus dem Stück «Von den Schlangen». Darin heißt es: «Und die Schlange, ob sie gleich mit dem Bauch auf der Erde schleicht, ist doch ein merkwürdiges und wirklich ein schönes Tier».

heut nacht durchschritt ich ist eine Überschreibung von Heiner Müllers Gedicht «Traumwald».

Wie die meisten Gedichte in diesem Band speist sich auch das Langgedicht *verdecktes gelände* aus fremden Stimmen. Mal bleiben die Stimmen im Hintergrund, mal färben sie einzelne Verse, mal treten sie als Zitat hervor. Die wichtigsten Stimmen gehören Jürgen Becker, Inger Christensen, Robert Creeley, T.S. Eliot, Bengt Emil Johnson, Thomas Kling, Ezra Pound, Gary Snyder und Göran Sonnevi.

Inhalt

dämmerung. schwanken

farnkraut

fischhaare finden

ringsum nacht

verdecktes gelände

Der Autor dankt der Stiftung Preußische Seehandlung für die Unterstützung seiner Arbeit.

Aus dem Verlagsprogramm

Jochen Schmidt
Schneckenmühle. Roman
Etwa 220 Seiten. München 2013

Eduard Habsburg
Lena in Waldersbach
Etwa 112 Seiten. München 2013

Tina Uebel
Nordwestpassage für 13 Arglose und einen Joghurt
Etwa 400 Seiten. München 2013

Jan Bürger
Der Neckar. Eine literarische Reise
Etwa 288 Seiten. München 2013

Jonas Lüscher
Frühling der Barbaren
125 Seiten. München 2013

Alix Ohlin
In einer anderen Haut. Roman
Aus dem Englischen von Sky Nonhoff
351 Seiten. München 2013

Carola Saavedra
Landschaft mit Dromedar. Roman
Aus dem Portugiesischen von Maria Hummitzsch
175 Seiten. München 2013

Christos Ikonomou
Warte nur, es passiert schon was. Erzählungen aus dem heutigen Griechenland
Aus dem Griechischen von Birgit Hildebrand
Etwa 256 Seiten. München 2013

Matt Beynon Rees
Mit Blut signiert. Ein Caravaggio-Roman
Aus dem Englischen von Klaus Modick
Etwa 320 Seiten. München 2013

Paula Fox
Was am Ende bleibt. Roman
Aus dem Englischen von Sylvia Höfer. Mit einem Essay von Jonathan Franzen
Etwa 224 Seiten. Neuauflage. München 2013

Nico Bleutge bei C. H. Beck

klare konturen. gedichte

Das scheinbar Selbstverständliche, unsere Wahrnehmung, ist im täglichen Leben durch den Gebrauch gleichsam verschattet. Gedichte öffnen unsere Sinne. Der Lyriker Nico Bleutge, ein «konsequenter Augenmensch» (Katrin Hillgruber), widmet sich in seinen Gedichten dem Sehen, Hören, Betasten, Sprechen, der «Peilung» der Blicke und dem Körperlichwerden der Worte. In den sechs Zyklen seines ersten Gedichtbandes «klare konturen» unternimmt er eine Erkundung des Blicks, die unser ganzes Sehfeld umfaßt, Natur, Landschaft – man kann geradezu von einer Neubestimmung des Landschaftsgedichts sprechen –, inmitten des von Menschen Geschaffenen, um dann den Körper, den physischen und den sprachlichen, zu vermessen. Skulptur- und Gemäldeskizzen, die den Raum der Geschichte mit ihrem Rhythmus öffnen, und poetische Momentaufnahmen leiten über zum letzten Kapitel «die verschütteten wege», das am Beispiel des Neuen Gartens in Potsdam historische Spurenelemente freizulegen versucht. Feinste Spuren, die der Geschichtsverlauf in der Kulturlandschaft und in den Bauten hinterließ, werden von Bleutges Gedichten benannt und so erst sichtbar gemacht.
Bleutges Gedichte sind eine Schule des Sehens, Hörens, Erinnerns.

fallstreifen. gedichte

Das Gedächtnis ist ein stummes Archiv, in das nur die Erinnerung und die Wörter Leben hineinbringen. Doch das Erinnern liefert keine festen Bilder oder Geschichten, es sind nur Späne, Sprachsplitter und kleine Impulse, die aufleuchten, um sich bald schon zu verändern. Nico Bleutges Gedichte folgen dieser Bewegung mit ihrem Rhythmus und ihrem Klang, immer nah an der Wahrnehmung, immer nah an den Rißlinien von Sprache und Welt: «was sich da häutet, / schichtet, nah sich aufeinanderschiebt. / das kriecht die wirbel noch entlang, / drückt nach in den knochen». In seinem zweiten Band erkundet der junge Lyriker zwischen eigener Geschichte und Landschaften die Erinnerung, über die Uwe Johnson einmal geschrieben hat, sie gleiche einer mächtigen grauen Katze hinter Fensterscheiben, unnahbar, stumm und verlockend. Und er knüpft da an, wo er mit seinem vielgelobten Erstling «klare konturen» aufgehört hat. Seine neuen Gedichte führen in die Vergangenheit hinein, machen historische Schichten und Stimmen lesbar, von der Zeit des Barock bis zu den Resten des Zweiten Weltkriegs auf der Insel Sylt.
In einem unverwechselbaren Ton zeigen die Verse so, was ein Gedicht eigentlich leisten kann: Feineinstellungen an Sprache und Wahrnehmung.